LA
HONTEVSE
FVITE DES

ENNEMIS DE' THEOPHILE
apres sa deliurance.

Impauidum virtutis honos caputinscrit astris.

M. DC. XXV.

LA HONTEVSE FVITE
des ennemis de Theophile, apres sa deliurance.

Impauidum virtutis honos caput inferit aftris.

VN faux voile de Religion trompe bien fouuent les ames trop credules, qui prennent vn zéle hypocrite pour faincteté, receuant pour oracle toutes les menteries qui confirmét la malicieuse eftime qu'il s'eft acquis, laquelle bien fouuent s'eftablit aux defpens de l'innocence, recherchant auec toute forte de paffion de faire paroiftre fon pouuoir dans l'impuiffance de quelque miferable, les tefmoins irreprochables, de cefte verité deffendent à mõ difcours l'indifcretion, que quelques paffionez ne craindroient de

A ij

blafmer fi ie ne leur en oftois toute
forte de fuiet : I'ayme trop la vertu
pour ne la loüer là où elle eft, ie hay
trop le vice pour le tolerer, & par
confequent ie fuis trop ennemy des
noires imaginations de ces perfon-
nes qui croyent ne pouuoir acque-
rir de la gloire que dans quelque
mauuaife entreprife, fans eftre tou-
ché d'vn iufte reffentimét de vertu,
qui chante à haute voix la glorieufe
victoire d'vn genereux champion
armé de fon innocence contre les
plus rudes ataques de l'enuie.

Perfonne n'ignore que Theo-
phile, l'efprit des efprits de ce téps,
n'aye par la fubtilité de ces efcrits
charmé les oreilles les plus delicates,
& qu'il ne fe foit rédu haut & puif-
fant en amis, affez fauorablement
enuifagé des douces influences de
fortune, de telle forte que fon cre-

dit s'augmentant de iour en iour, sa
fortune se rendoit tousiours de plus
en plus enuiable, sans pouuoir mor-
dre sur ces deportemens qui ne re-
sentoient que la prudence, iusques
à faire desesperer ses haineux de
voir reussir leurs menees, qui n'es-
pargnoiét toutesfois aucune inuen-
tion pour l'attraper en faute, les es-
pions l'obsedoient perpetuellemét,
marquoient tout ce qui portoit
coup dans ces actions, & rendoient
compte aux autheurs de la faction
de ce qu'ils auoiét ouy ou veu à leur
aduantage, mais la retenuë qui l'a-
uoit long temps garenty hors de
tout danger, luy permettant quelque liberté plus qu'ordinaire qui ne
preiudicioit gueres à la sincerité d'v-
ne ame bien faite, esueille la senti-
nelle desia endormie de ses aduer-
saires, lesquels pour ne perdre vne

occasion si fauorable à leur dessein,
renforcét de nouueau leurs soldats,
luy mettant en queuë des argus
pour prendre garde iusques à sa des-
marche (afin que leur vigilance leur
donne le tiltre de reformateurs du
siecle) Ie me suis laissé dire que quelques-vns de la Cabale, l'ot suiuy plusieurs fois en habit desguisé dans des
cabarets, academies, & autres lieux
scandaleux. (Ie pardonne cela s'il est
veritable à leur passion) & ont enfin
si bien ioüé leur tour, qu'ils l'ont fait
prendre prisonnier & rendu sa vie
infame iusques à ce que son innocence a descouuert leur malice.

Quelques-vns plus insolens que
sages desrobent à ma plume cet
effort de passion pour reprendre
leur temerité, qui s'est portee iusques à le iuger à mort, qui ont pour
aigrir la cause fait courre sous main

pluſieurs pieces, regorgeans de tous
coſtez l'infamie, pleines d'execra-
tion & de reſuerie d'vn eſprit plus
qu'Athee, chargeans les eſpaules de
Theophile de cét agreable fardeau,
mais leur malice ne leur laiſſe maintenant qu'vn iuſte repentir d'auoir
traitté de la ſorte vn innocent, les
fauſſes accuſations ne ſeruent que
pour eſclaircir le droit de celuy qui
eſt accuſé; l'eſpace de deux ans qu'il
a eſté detenu dans vne eſtroite pri-
ſon, a donné aſſez de loiſir à ſa partie de ſolliciter contre luy, & de
chercher tous les moyens de le perdre. Le Pere Voiſin n'a pas oublié
de careſſer les teſmoins qui ont par-
lé contre luy, ce qui a fait viure Sajot à bon marché l'eſpace de deux
ans dans Paris, entretenu aux deſ-
pens de la Cabale, pluſieurs ont
eſté ſollicitez de parler ſous de bel-

les promesses, mais leur bouche qui
ne peut s'ouurir que pour la verité,
n'a peu franchir ceste difficulté,
quelqu'vn pourroit bien dire que
l'on luy a offert pension de mille
liures tous les ans, s'il euft voulu
noyer son ame dans la mort de
Theophile. Tous ceux qui l'a-
uoient frequenté deuant son em-
prisonnement ont eu à bon marché
plusieurs bonnetades du Pere Ga-
raffus, celles du Pere Voisin refen-
toient plus son passionné, tesmoins
les deux Cordeliers qui pour auoir
refusé de folliciter contre Theophile, ont encouru sa haine & sa
disgrace pour iamais.

Il semble que son interest parti-
culier luy fuggeroit quelque vengeance, ou la crainte que Theophile remis dans la premiere liberté,
ne parlaft auec verité à son desad-
uantage,

uantage, le coulpable ne se tient
iamais en asseurance, vne def-
fiance perpetuelle le bourrelle,
ses inuentions & ses pressantes
sollicitations me portent à faire
ce iugement appuyé sur l'infame
accusation que l'on luy a imposé,
accusation d'vn crime qui fait
horreur aux oreilles les moins
chastes, & qui ne peut entrer dans
la pensée des ames pudiques.
Quoy que s'en soit, nous voyons
maintenant toutes ses fausses im-
positions se conuertir à la honte
de ses ennemis, & conuaincre la
malice des tesmoins appostez,
mon discours s'enhardit à cause
des raisons suiuantes. Comment
seroit-il possible que tant d'accusations, si elles eussent esté verita-
bles, n'eussent fait mourir dix

B

mille fois Theophile; car ou bien il les faut croire fausses, ou bien que l'iniustice aye fauorisé son crime, de penser le dernier c'est estre sans iugement, & auoir vne ame plus noire qu'vn demon, iugez donc du premier : d'autant que tant d'yeux clairs-voyants apres auoir longuement espluché le procez, entendu ses raisons, confronté les tesmoins, & pesé la force des accusations, ont donné vne sentence si fauorable à son equité. Le commandement exprés de sa Majesté fait aux Messieurs du Parlement de le punir s'il le meritoit, rend sa cause infailliblement bonne, & confond ses ennemis, qui apres tant de peine n'ont cueilly que le fruict de leur malice ; aussi seroit-il dommage qu'vne perſonne qui peut, SIRE, faire eſclatter ſi loing la gloire de vos victoires,& vous faire viure à iamais dans le monde, mourut ſans vous rendre ce deuoir. D'autant plus, ie penſe à l'exacte rigueur de la iuſtice de ce Parlement, ie trouue touſiours nouueau ſuiet de loüer ſon innocence, & de blaſmer l'impoſture de ces haineux, veu qu'vn party ſi fort, a eſté neantmoins trop foible pour le faire mourir, l'innocence ne craint iamais l'authorité de ſa partie, s'aſſeurant ſur la bonne conſcience des Iuges.

De ceſt eſtonnement, ie rentre dans vn plus fort, cauſé par l'eſclipſe de certaines perſonnes qui ſemblent fuir la preſence de

Theophile, ne pouuants souffrir
que sa deliurance braue leur vain
trauail. Ie ne fais point de iugement semblable, mais ie parle
auec tout le monde, qui ne craint
point de dire que le Pere Garassus
n'a pris le chemin de Poictiers
pour autre consideration, que
pour n'oser paroistre apres vn si
lasche trait, attendant que ceux
qu'il a employez l'ayent rendu
amy auec Theophile, à quoy tra-
uaillent quelques personnes, ayāt
resolu s'il ne peut obtenir ceste
faueur, de ce bannir auec Theophile en penitéce de la poursuitte
qu'il a fait, pour faire esgorger
cét agneau, les plus aduisez de la
Cabale le portent à ceste resolu-
tion improuuans maintenant son
procedé, lequel bien qu'il ne re-

sentit au commencement que la
pieté, s'est rendu sur la fin blasma-
ble, pour estre remply plustost de
passion que d'amour de Dieu, ce-
pendant que celuy mache son
frein dans son exil; Voyons qu'est
allé faire à Rome le Pere Voisin,
chacun en parle selon son senti-
ment, les vns disent que c'est pour
subir auec son compagnon à la
place de Theophile, la peine portee dans la sentence, les autres disent, & peut estre plus veritable-
ment que sa conscience le ron-
geant, l'a obligé de prendre ce
chemin, pour aller chercher l'ab-
solution de ses fautes, ie veux tai-
re la troisiesme consideration qui
semble estre plus puissante. Sajot
qui demáde desia pardon à mains
iointes, semblable à la chauue-

souris, ne peut supporter l'esclat
du Soleil, qui luy defend d'en-
uisager les gens de bien, honteux
de s'estre meslé d'vn affaire qui ne
luy rapporte aucun honneur, me-
naçant sa teste de quelque iuste
vengeance. Voila le plaisir qu'il
y a d'ambeguiner son imagina-
tion des promesses dorees d'vne
sourde entreprise, pour y paroistre indiscret.

FIN.